KB086562

토익 기본기 완성   Week **03**

사물 사진 문제

토익 Part 1의 6문항 중 인물 없이 사물이나 배경만 등장하는 사진 문제는 1개 정도 나옵니다. 하지만 인물이 중심이 되는 사진에서 사물을 묘사하는 문장이 나오기도 하므로 사물의 위치나 상태를 묘사하는 동사 형태 및 관련 표현들을 많이 알아 두어야 합니다.

■ 사물의 상태를 나타내는 동사 형태

사물의 상태는 주로 현재 수동태나 현재완료 수동태로 출제됩니다. 현재 수동태는 「be동사 + 과거분사(p.p.)」로, 현재완료 수동태는 「have/has been + 과거분사(p.p.)」로 각각 표현하며, 둘 사이에 큰 의미 차이는 없어요.

현재 수동태	be동사 + p.p. (~되어 있다)

.... 주어가 단수이면 is, 복수이면 are

현재완료 수동태	have/has + been + p.p. (~되어 있다)

.... 주어가 단수이면 has, 복수이면 have

Boxes are stacked.
Boxes have been stacked.
상자들이 쌓여 있다.

Bicycles are parked.
Bicycles have been parked.
자전거들이 세워져 있다.

A table is set.
A table has been set.
테이블이 차려져 있다.

■ 사물에 가해지는 동작 표현

사물에 행해지는 동작을 나타낼 때 사물 주어와 함께 '~되고 있다, ~되는 중이다'라는 뜻의 현재진행 수동태 「be동사 + being + 과거분사(p.p.)」가 사용됩니다.

현재진행 수동태	be동사 + being + p.p. (~되고 있다, ~되는 중이다)

········ 주어가 단수이면 is, 복수이면 are

A table **is being cleaned.**
테이블이 닦이고 있다.

A shopping cart **is being pushed.**
쇼핑 카트가 밀리고 있다.

A tire **is being repaired.**
타이어가 수리되고 있다.

Quiz 음원을 듣고 사진을 바르게 묘사한 문장이면 O, 아니면 X에 표시하고, 빈칸을 채워보세요.

1

(A) Cars are _____ side by side. [O X]
(B) Lines have been _____ in a [O X]
     parking area.

2

(A) Some flowers are being _____. [O X]
(B) Some flowers are being _____. [O X]

│ 정답 및 해설 p. 23

Practice 정답 및 해설 p. 23

▲ MP3 바로듣기 ▲ 강의 바로보기

오늘 배운 내용을 바탕으로 연습문제를 풀어 보세요.

1

2

3

4

5

Today's VOCA

▲ MP3 바로듣기

01 except ★★★
익쎕(트) [iksépt]
전 ~외에, ~을 제외하고

No one **except** the team leaders is allowed.
팀장 외에는 누구도 허용되지 않는다.
파 **exception** 명 예외

02 unexpected ★★★
언익스펙팃 [ənikspéktid]
형 예상치 못한, 뜻밖의

lead to **unexpected** results
예상치 못한 결과를 초래하다
파 **unexpectedly** 부 예상치 못하게, 갑자기

03 confirmation ★★★
칸풔ㄹ메이션 [kɑnfərméiʃən]
명 확인(증), 승인

send **confirmation** of your hotel booking
귀하의 호텔 예약 확인증을 보내다
파 **confirm** 동 ~을 확인해주다

04 specify ★★★
스페서빠이 [spésəfai]
동 구체적으로 밝히다, 상술하다

specify the number of attendees
참석자 수를 구체적으로 밝히다
파 **specific** 형 구체적인, 특정한

05 encouraging ★★★
인커뤼징 [inkə́:ridʒiŋ]
형 고무적인, 희망을 주는

be not as **encouraging** as the architects hoped
건축가들이 바랐던 것만큼 고무적이지 않다
파 **encourage** 동 격려하다, 희망을 주다

06 close ★★
형 클로우스 [klous] 동 클로우즈 [klouz]
형 가까운, 친밀한 동 닫다, 폐쇄하다

have a **close** relationship for many years
수년 동안 가까운 사이다
파 **closely** 부 면밀하게, 밀접하게

07 necessary ★★
네써쎄뤼 [nésəseri]
형 필요한

take the **necessary** steps
필요한 조치를 취하다

08 reservation ★★
뤠저ㄹ붸이션 [rezərvéiʃən]
명 예약, 유보, 망설임

make a **reservation** for
~을 예약하다

Day 02

Part 5

대명사 ❶

▲ 강의 바로보기

📖 인칭대명사

대명사는 명사를 반복해서 사용하지 않고 대신할 수 있습니다. 토익에서 인칭대명사 문제는 빈칸에 알맞은 격을 찾는 문제로 출제됩니다. 선택지가 인칭대명사로만 구성되어 있다면 문장 구조를 먼저 분석하여 각 격의 단서를 찾은 후 알맞은 인칭대명사를 고르면 됩니다.

■ 주격

> 동사
> **You** can purchase various healthy products on our Web site.
> 귀하께서는 우리 웹 사이트에서 다양한 건강식품을 구매할 수 있습니다.

■ 소유격

토익에서 정답으로 가장 많이 출제되는 소유격은 명사 앞에서 명사의 소유자를 알려줍니다. 선택지가 인칭대명사로만 되어 있고, 빈칸 뒤에 명사가 있다면 소유격이 정답입니다.

> Some sales representatives received a bonus for **their** contribution.
> 몇몇 영업사원들은 그들의 공헌에 대한 보너스를 받았다.

■ 목적격

인칭대명사의 목적격은 문장의 목적어 자리에 올 수 있습니다. 즉, 목적격은 타동사나 전치사 뒤 목적어 자리에 사용합니다.

> Mr. Sander's supervisor asked **him** to organize the sales data.
> 샌더 씨의 상사는 그에게 매출 자료를 정리할 것을 요청했다.

■ 소유대명사

소유대명사는 「소유격 + 명사」를 합친 것으로 '~의 것'으로 해석합니다. 명사의 반복 사용을 피하기 위해 줄여서 표현한 형태여서 명사와 똑같이 주어, 목적어, 보어 자리에 올 수 있습니다. 소유격과 이름이 비슷하기 때문에 이 둘을 구분해서 알아 두어야 합니다.

전치사 to 뒤
목적어 자리예요.

I'd like to work with Ms. Saki because **her personality** is similar to **mine**.
나는 사키 씨의 성격이 나의 것과 비슷하기 때문에 그녀와 함께 일하고 싶다.

소유대명사 mine = my personality

■ 재귀대명사

재귀대명사는 -self의 형태로 끝나는 대명사로, '~ 자신'으로 해석하면 됩니다. 재귀대명사는 주어와 목적어가 같은 대상을 가리킬 때만 목적어 자리에 올 수 있습니다. 따라서 목적어 자리에 올 수 있는 목적격과 구분해서 알아 두어야 합니다.

주어
New employees will introduce **themselves** on the first day of work.
신입 직원들은 근무 첫날에 자신들을 소개할 것이다.

 재귀대명사 관용 표현

선택지가 인칭대명사의 여러 격으로 구성되어 있고, 빈칸 앞에 전치사 **by**가 있다면 재귀대명사를 정답으로 선택하면 됩니다. **by oneself**는 '혼자(서), 스스로'라는 뜻으로, 하나의 관용 표현으로 암기하는 것이 좋습니다.

Mr. Rodney prepared the annual event **by himself**.
로드니 씨는 연례 행사를 혼자 준비했다.

오늘 배운 내용을 바탕으로 연습문제를 풀어 보세요.

1 After Ms. Soma left the company, ------- opened a café.

(A) she   (B) herself
(C) her   (D) hers

memo

2 The paintings on display in the east hall are -------.

(A) me   (B) my
(C) mine   (D) I

3 Prestige Gifts lists store locations on the back of ------- product catalog.

(A) it   (B) its
(C) theirs   (D) themselves

4 If you receive any questions, please send ------- to Mr. Dred.

(A) they   (B) their
(C) themselves   (D) them

5 Because all the others were very busy, Mr. Goldman had to prepare the presentation by -------.

(A) he   (B) his
(C) himself   (D) him

Today's VOCA

---

01 join ★★

쥐인 [dʒɔin]

통 합류하다, 참여하다, 가입하다

join a company
입사하다

---

02 accommodate ★★

어카머데잇 [əkámədeit]

통 수용하다, 숙박을 제공하다

accommodate a large audience
많은 청중을 수용하다

➡ **accommodation** 명 숙박

---

03 reserve ★★

뤼저ㄹ브 [rizə́:rv]

통 (권한을) 보유하다, 예약하다, 지정하다 명 비축(물)

reserve the right to refuse services
서비스를 거부할 권리를 갖고 있다

➡ **reservation** 명 예약

---

04 ahead ★★

어헷 [əhéd]

부 미리, 앞에

plan **ahead**
미리 계획하다

---

05 arrange ★★

어뤠인쥐 [əréindʒ]

통 준비하다, 계획하다

arrange a meeting
회의를 준비하다

➡ **arrangement** 명 준비, 정렬

---

06 brief ★★

브뤼입 [bri:f]

형 잠깐의, 간단한, 짧은

Mr. Moore's **brief** absence
잠깐 동안의 무어 씨의 부재

➡ **briefly** 부 간단히, 짧게

---

07 capacity ★★

커패써티 [kəpǽsəti]

명 최대 수용 용량[인원], 최대 생산력

improve the seating **capacity** of
~의 좌석 수용력을 향상시키다

---

08 appointment ★★

어퍼인먼(트) [əpɔ́intmənt]

명 약속, 임명

make an **appointment**
약속을 잡다

➡ **appoint** 통 임명하다

빈출 장면_사무실

▲ MP3 바로듣기

▲ 강의 바로보기

사무실이 배경이 되는 사진 문제는 Part 1에서 매달 1문제 또는 2문제씩 출제됩니다. 사무 공간에서 사용되는 물건 및 기기들의 이름과 이를 사용하는 사람의 동작을 나타내는 동사를 익혀 두세요.

■ 기출 문장 익히기

A laptop computer is on a desk.
노트북 컴퓨터가 책상 위에 있다.

The shelves are filled with files.
선반이 파일로 가득 차 있다.

The monitors are positioned side by side.
모니터들이 나란히 위치해 있다.

A drawer has been left open.
서랍 하나가 열려 있다.

An office is unoccupied.
사무실이 비어 있다.

Some papers are scattered on the desk.
서류들이 책상 위에 흩어져 있다.

A woman is using a copy machine.
복사기를 이용하고 있다.

People are listening to a presentation.
사람들이 발표를 듣고 있다.

Printed materials are being distributed.
인쇄물이 배부되고 있다.

점수 UP 「~이 …에 (놓여) 있다」 표현

be동사 + 전치사구
- A laptop computer **is on the desk.**

There is/are + 주어 + 전치사구
- **There is** a laptop computer **on the desk.**

be placed/put/positioned + 전치사구
- A laptop computer **is positioned on the desk.**

위치 묘사 필수 전치사
- **on** ~의 위에 (표면에 접촉한 상태)
- **in** ~의 안에
- **over** ~의 위에 (표면과 약간 떨어져 있는 상태)
- **under** ~의 아래에
- **beside / by / next to** ~의 옆에
- **in front of** ~의 앞에
- **behind** ~의 뒤에

Quiz 음원을 듣고 사진을 바르게 묘사한 문장이면 O, 아니면 X에 표시하고, 빈칸을 채워보세요.

1

(A) Some papers are _____ on the desk. [O X]

(B) A laptop computer is being _____. [O X]

2

(A) Some chairs are _____ in a corner. [O X]

(B) Two monitors are _____ next to each other. [O X]

| 정답 및 해설 p. 25

Practice

정답 및 해설 p. 26

▲ MP3 바로듣기   ▲ 강의 바로보기

오늘 배운 내용을 바탕으로 연습문제를 풀어 보세요.

1

2

3

4

5

Today's VOCA

▲ MP3 바로듣기

01 participant ★★
파ㄹ**티**서펀(트) [pɑːrtísəpənt]
몡 참가자

Workshop **participants** will learn how to apply
워크숍 참가자들은 응용하는 방법을 배울 것이다

02 tentative ★★
텐터티(브) [téntətiv]
혱 잠정적인, 임시의

discuss a **tentative** agreement with the city council
시의회와 잠정적인 협정을 논의하다

03 form ★
뽀ㄹ음 [fɔːrm]
몡 형식, 양식 동 형성하다

another **form** of identification
또 다른 형식의 신분증

04 register ★
뤠쥐스터ㄹ [rédʒistər]
동 등록하다

call in advance to **register** for the guided tour
가이드가 딸린 견학을 신청하기 위해 미리 전화하다

05 vehicle ★
뷔-클 [víːikl]
몡 차량, 탈것

be required to register one's **vehicle**
차량을 등록해야 하다

06 prior ★
프**롸**이어ㄹ [práiər]
혱 이전의, 앞선

proof of **prior** account ownership
이전 계정 보유에 대한 증명(서)

숙 **prior to** 전 ~ 전에, ~에 앞서

07 convention ★
컨**붼**션 [kənvénʃən]
몡 총회

the workshops at the recent **convention**
최근 총회에서 실시된 워크숍들

08 registration ★
뤠쥐스트**뤠**이션 [redʒistréiʃən]
몡 등록

registration procedures
등록 절차

대명사 ❷

📖 지시대명사

지시대명사는 대상이 되는 사람 또는 사물과의 거리를 나타내기 위해 사용하는 대명사입니다. 대상의 수와 거리에 따라 가까이 있는 대상을 this(이것)/these(이것들)라고 가리키고, 다소 멀리 떨어져 있는 대상을 that(저것)/those(저것들)라고 지칭합니다. 그중 토익에서는 those가 가장 많이 출제됩니다.

■ 지시대명사 those

토익에서 지시대명사 those는 「those + who + 복수동사」의 구조로 주로 출제됩니다. 여기서 those who는 '~하는 사람들'이라고 해석하며 하나의 숙어로 외워두는 것이 좋습니다.

> **Those** who are attending the seminar should arrive by 9 a.m.
> 세미나에 참석하는 사람들은 오전 9시까지 도착해야 합니다.

지시대명사 those 뒤에 전치사구가 사용되기도 합니다.

> **Those** with appropriate qualifications will be assigned to the marketing team.
> 알맞은 자격요건들을 갖춘 사람들이 마케팅팀에 배정될 것이다.

3초 퀴즈

------- who want to enter the lab should put on protective gear.

(A) They
(B) Those

📖 부정대명사

부정대명사는 정해지지 않은 대상을 가리킬 때 사용합니다. '어떤 사람, 어떤 것'처럼 하나의 불특정 대상 또는 '일부, 대부분, 모두'처럼 다수의 불특정 대상을 나타낼 수 있습니다.

■ 토익 빈출 부정대명사

아래 부정대명사는 불특정 명사를 나타낼 수 있는 토익 빈출 부정대명사입니다. 각 부정대명사가 단수의 불특정 명사를 가리키는지 복수의 불특정 명사를 가리키는지 구별할 수 있어야 합니다.

---

one (아무거나) 하나

another (앞에 제시된 것과 종류가 같은) 또 다른 하나

others (앞에 제시된 것 말고) 다른 것들

the others (특정한 범위에서) 나머지 것들

If you lose **your ID card**, the personnel department will issue **another**.
만약 여러분이 신분증을 분실하신다면, 인사부에서 또 다른 것을 발급해 줄 것입니다.

Strawberry is our most popular **flavor**, but **others** are available.
딸기가 우리 가게에서 가장 인기 있는 맛이지만, 다른 맛들도 있습니다.

······ 딸기맛 말고 다른 flavors

■ 수량 부정대명사

다수의 불특정 명사의 수량을 나타내는 부정대명사는 뒤에 「of + the + 복수명사」의 구조와 함께 사용하며, '(명사)들의 ~'라고 해석합니다.

All 모두	Many 다수	Most 대부분	Several 몇몇	Some 일부
Any 누구라도	Half 절반	Few 극소수	None 어느 누구도	

All of the performers in the play are required to attend the rehearsals.
이 연극의 모든 공연자들은 반드시 예행연습에 참석해야 한다.

Due to the delayed train, **most of the staff members** were late.
연착된 열차로 인해, 직원들 대부분이 지각했다.

▲ 강의 바로보기

오늘 배운 내용을 바탕으로 연습문제를 풀어 보세요.

1 A farewell party will be held to honor ------- who will retire this month.

(A) this   (B) those
(C) that   (D) it

memo

2 Passengers were informed that ------- of the cruises were cancelled due to heavy storms.

(A) all   (B) what
(C) no one   (D) much

3 You can easily transfer music from one device to -------.

(A) one   (B) other
(C) another   (D) others

4 Deacon University offers scholarships to ------- who maintain high grades.

(A) anyone   (B) each
(C) those   (D) them

5 ------- of the candidates were not given the application form.

(A) Some   (B) Everybody
(C) Which   (D) Other

Today's VOCA

01 seating ★

씨-팅 [síːtiŋ]

몡 좌석 (수), 좌석 배치

Seating is limited to 100 people.
좌석이 100명으로 제한되어 있다.

02 relevant ★

뤨러붼(트) [réləvənt]

혱 관련된, 적절한

must be accompanied by **relevant** receipts
관련 영수증이 첨부되어야 하다

파 **relevantly** 뷔 연관성을 가지고

03 carefully ★★★

케어쁠리 [kéərfəli]

뷔·조심스럽게, 주의 깊게, 신중하게

handle the plates **carefully**
접시들을 조심스럽게 다루다

파 **care** 몡 관심, 돌봄, 주의, 조심
통 관심을 가지다, ~을 좋아하다

04 change ★★★

췌인쥐 [tʃeindʒ]

몡 변경, 변화 통 바꾸다, 변하다

make some **changes** to the plan
계획을 일부 변경하다

05 comprehensive ★★

캄프뤼헨시입 [kɑmprihénsiv]

혱 광범위한, 포괄적인, 종합적인

conduct a **comprehensive** study of
~에 대한 광범위한 연구를 수행하다

파 **comprehensively** 뷔 포괄적으로, 광범위하게

06 efficient ★★

이쀠션(트) [ifíʃənt]

혱 효율성이 좋은, 효율적인

the most energy **efficient** model
에너지 효율성이 가장 좋은 모델

파 **efficiently** 뷔 효율적으로

07 designed ★★

디자인(드) [dizáind]

혱 고안된, 의도된

be **designed** specifically for + 사람
특히 ~을 대상으로 고안되다

08 develop ★★

디붸럽 [divéləp]

통 성장하다, 발달하다, 개발하다, 발전시키다

develop marketing plans for
~에 대한 마케팅 계획을 개발하다

파 **development** 몡 발달, 개발, 전개

VOCA

● 단어와 그에 알맞은 뜻을 연결해 보세요.

1 registration •   • (A) 확인(증), 승인

2 confirmation •   • (B) 등록

3 reservation •   • (C) 예약, 유보, 망설임

● 다음 빈칸에 알맞은 단어를 선택하세요.

4 ------- a large audience
많은 청중을 수용하다

5 must be accompanied by ------- receipts
관련된 영수증이 첨부되어야 하다

6 conduct a ------- study of
~에 대한 광범위한 연구를 수행하다

(A) relevant
(B) comprehensive
(C) accommodate

● 실전 문제에 도전해 보세요.

7 This e-mail includes a ------- schedule of the presentations.

(A) tentative   (B) necessary
(C) designed   (D) efficient

8 Lamarck Corporation's old equipment has harmed its production -------.

(A) accommodation   (B) capacity
(C) appointment   (D) development

한 주 동안 학습한 내용을 적용하여 기출변형 문제들을 풀어 보세요.

▲ MP3 바로듣기　　▲ 강의 바로보기

1

2

3

4

5

DAY 05

Weekly Test

한 주 동안 학습한 내용을 적용하여 기출변형 문제들을 풀어 보세요.

▲ 강의 바로보기

1   Please contact the pharmacist with inquiries about the medicine after ------- receive the prescription.

   (A) yourself
   (B) you
   (C) yours
   (D) your

2   Paul Latner visited the Seoul factory briefly before going back to ------- branch office in Canada.

   (A) his
   (B) himself
   (C) he
   (D) him

3   If you have events that you want to add to the company's calendar, send ------- to Mr. Malcom.

   (A) their
   (B) theirs
   (C) them
   (D) they

4   Most of the staff like the enthusiastic personality of Mr. Amaron, while the ------- find him to be too loud.

   (A) one
   (B) another
   (C) others
   (D) each other

5   The presenters will manage the projectors by ------- during the seminar.

   (A) they
   (B) theirs
   (C) them
   (D) themselves

6 As the team leader, Jodie handled ------- of the issues during the preparation for the presentation.

(A) almost
(B) any
(C) most
(D) every

7 The University of Hemsworth extended a deadline for the assignment to ------- who provided a doctor's certificate.

(A) that
(B) this
(C) these
(D) those

8 One of the Podafone phone's new models comes with a two-year warranty and ------- are sold separately.

(A) another
(B) other
(C) the others
(D) one another

9 Mr. Kim realized he could not finish his work by -------, so he requested assistance.

(A) he
(B) him
(C) himself
(D) his

10 ------- who want to watch *Shakespeare In Love* must buy tickets at www.tickatek.com.

(A) This
(B) Anyone
(C) They
(D) Those

Week **O3**
정답 및 해설

Day 01 사물 사진 문제

Quiz

1.

(A) Cars are <u>parked</u> side by side. [O]
(B) Lines have been <u>painted</u> in a parking area. [O]

(A) 자동차들이 나란히 주차되어 있다.
(B) 주차 구역에 선이 그려져 있다.

어휘 **park** ~을 주차하다 **side by side** 나란히 **paint** ~을 그리다 **parking area** 주차장

2.

(A) Some flowers are being <u>watered</u>. [O]
(B) Some flowers are being <u>planted</u>. [X]

(A) 몇몇 꽃들에 물이 뿌려지고 있다.
(B) 몇몇 꽃들이 심어지고 있다.

어휘 **water** v. ~에 물을 주다 **plant** v. ~을 심다

Practice

1. (C)　　**2.** (B)　　**3.** (D)　　**4.** (A)　　**5.** (D)

1.

(A) Cars are parked on the road.
(B) The bus is approaching the bus stop.
(C) The bus is stopped at the bus stop.
(D) Some people are crossing a street.

(A) 자동차들이 길에 주차되어 있다.
(B) 버스가 정류장으로 다가오고 있다.
(C) 버스가 정류장에 멈춰져 있다.
(D) 몇몇 사람들이 길을 건너고 있다.

정답 (C)

해설 (A) 길에 주차되어 있는 차가 보이지 않으므로 오답.
(B) 사진 속 버스는 정류장에 멈춰져 있으므로 오답.
(C) 사진 속 버스는 정류장에 멈춰져 있으므로 정답.
(D) 사진 속에서 길을 건너는 사람은 없으므로 오답.

어휘 **approach** ~에 다가가다 **bus stop** 버스 정류장 **cross a street** 길을 건너다

2.

(A) The curtains have been closed.
(B) A table has been set.
(C) Some chairs are occupied.
(D) Some plants are being watered.

(A) 커튼이 닫혀 있다.
(B) 테이블이 차려져 있다.
(C) 몇몇 의자는 사용되고 있다.
(D) 몇몇 식물들에 물이 뿌려지고 있다.

정답 (B)

해설 (A) 커튼이 열려 있으므로 오답.
   (B) 테이블 위에 접시와 식기 도구가 놓여 있으므로 정답.
   (C) 의자는 모두 사용되지 않고 비어 있으므로 오답.
   (D) 식물에 물을 주는 사람이 없으므로 오답.

어휘 draw the curtains 커튼을 치다 occupy ~의 자리를
   차지하다, 사용하다 plant 식물 water v. ~에 물을 주다

3.

(A) A woman is putting on shoes.
(B) A closet has been emptied.
(C) Some clothes have been placed in a box.
(D) Some clothes have been hung up.

(A) 여자가 신발을 착용하고 있는 중이다.
(B) 옷장이 비워졌다.
(C) 몇몇 옷이 상자에 담겨 있다.
(D) 몇몇 옷이 걸려 있다.

정답 (D)
해설 (A) 여자가 신발을 착용하려는 동작을 하고 있지 않으므로 오
   답.
   (B) 옷장은 옷과 신발 등으로 채워져 있으므로 오답.
   (C) 옷이 담겨 있는 상자는 보이지 않으므로 오답.
   (D) 여러 벌의 셔츠와 바지가 옷걸이에 걸려 있으므로 정답.

어휘 put on ~을 착용하다 shoes 신발 closet 옷장 empty
   v. ~을 비우다, 꺼내다 clothes 옷, 의복 place v. ~을 두다,
   놓다 hang up (의류 등을) 걸다

4.

(A) The light fixture is being repaired.
(B) The man is leaning against the wall.
(C) The man is carrying a ladder.
(D) The ceiling is being painted.

(A) 조명 기구가 수리되고 있다.
(B) 남자가 벽에 기대어 있다.
(C) 남자가 사다리를 들고 있다.
(D) 천장이 페인트로 칠해지고 있다.

정답 (A)
해설 (A) 남자가 장비를 허리에 차고 조명 기구를 열려고 하는 것으
   로 보아 조명 기구를 수리하는 것으로 판단할 수 있으므로
   정답.
   (B) 남자가 벽에 기대어 있는 상태가 아니므로 오답.
   (C) 남자가 사다리를 들고 있지 않으므로 오답.
   (D) 남자는 조명 기구에 손을 대고 있으며 천장을 페인트로 칠
   하고 있지 않으므로 오답.

어휘 light fixture 조명 기구 repair ~을 수리하다 lean
   against ~에 기대다 ladder 사다리 ceiling 천장

5.

(A) The man is cleaning the floor.
(B) The man is examining a motorcycle.
(C) The wheel is being replaced.
(D) The vehicle is being washed.

(A) 남자가 바닥을 닦고 있다.
(B) 남자가 오토바이를 점검하고 있다.
(C) 바퀴가 교체되고 있다.
(D) 차량이 씻겨지고 있다.

정답 (D)
해설 (A) 남자가 바닥을 청소하고 있는 것이 아니므로 오답.
   (B) 남자가 오토바이를 점검하고 있는 동작을 하고 있지 않
   으므로 오답.
   (C) 남자가 바퀴를 교체하는 것이 아니라 세척하고 있으므로
   오답.
   (D) 차량이 남자에 의해 씻겨지고 있으므로 정답.

어휘 floor 바닥 examine ~을 점검하다, 검사하다
   motorcycle 오토바이, 이륜차 wheel 바퀴 replace
   교체하다 vehicle 차량 wash ~을 씻다, 세척하다

Day 02 대명사 ❶

Practice

1. (A)	2. (C)	3. (B)	4. (D)	5. (C)

1.
정답 (A)
해석 소마 씨가 퇴사한 후에, 그녀는 카페 하나를 열었다.
해설 동사 opened 앞에 빈칸이 있으므로 빈칸은 주어 자리이다. 따라서 주격 (A) she가 정답이다.
어휘 after ~ 후에 leave 떠나다 open ~을 열다

2.
정답 (C)
해석 동쪽 홀에 전시되어 있는 그림들은 나의 것이다.
해설 빈칸은 주격보어로서 명사 자리에 올 수 있는 소유대명사가 들어갈 자리이므로 (C) mine이 정답이다.
어휘 painting 그림 on display 전시 중인, 진열 중인 east 동쪽의

3.
정답 (B)
해석 프리스티지 기프트는 자사의 제품 안내책자 뒷면에 매장 위치들을 목록에 포함시켰다.
해설 빈칸 뒤에 명사가 있으므로 빈칸에는 소유격이 들어갈 수 있다. 따라서 (B) its가 정답이다.
어휘 list ~을 목록에 포함시키다, 언급하다 store 매장 location 위치 back 뒷면 product 제품 catalog 안내책자

4.
정답 (D)
해석 질문들을 받으시면, 드레드 씨에게 그것들을 보내시기 바랍니다.
해설 빈칸 앞에 타동사가 있으므로 빈칸은 목적어 자리이다. 따라서 목적격 (D) them이 정답이다.
어휘 receive ~을 받다 question 질문 send ~을 보내다

5.
정답 (C)
해석 다른 모든 사람들이 매우 바빴기 때문에, 골드만 씨는 혼자 발표를 준비해야 했다.
해설 전치사 뒤에 빈칸이 있으므로 전치사의 목적어 역할을 할 수 있는 (C) himself와 (D) him 중에 정답을 골라야 한다. 앞 내용을 보면, 다른 모든 사람이 매우 바빴다고 하므로 골드먼 씨가 혼자 발표를 준비했다는 의미가 되어야 알맞다. 따라서 주어인 자신을 가리키는 대명사가 빈칸에 쓰여야 하므로 재귀대명사 (C) himself가 정답이다.
어휘 because ~때문에 all the others 다른 모든 사람들 busy 바쁜 have to do ~해야 한다 prepare ~을 준비하다 presentation 발표 by oneself 혼자 힘으로

Day 03 빈출 장면_사무실

Quiz

1.

(A) Some papers are <u>scattered</u> on the desk. [O]
(B) A laptop computer is being <u>used</u>. [X]

(A) 몇 장의 종이가 책상 위에 흩어져 있다.
(B) 노트북 컴퓨터가 사용되고 있다.

어휘 scatter ~을 흩뿌리다 stack ~을 쌓다 corner 구석

2.

(A) Some chairs are <u>stacked</u> in a corner. [X]
(B) Two monitors are <u>set</u> next to each other. [O]

(A) 몇 개의 의자가 구석에 쌓여 있다.
(B) 두 대의 모니터가 각각의 옆에 설치되어 있다.

어휘 set ~을 설치하다 next to each other 나란히(= side by side)

Practice

1.

(A) The office is being cleaned.

(B) The office is unoccupied.

(C) There is a telephone on the desk.

(D) A drawer has been left open.

(A) 사무실이 청소되는 중이다.

(B) 사무실이 비어 있다.

(C) 책상에 전화기가 한 대 있다.

(D) 서랍 하나가 열린 채로 있다.

정답　(B)

해설　(A) 청소하는 동작을 하는 사람이 없으므로 오답.

　　　(B) 사무실이 비어 있는 상태이므로 정답.

　　　(C) 책상에 전화기가 놓여 있지 않으므로 오답.

　　　(D) 서랍이 열려 있는 상태가 아니므로 오답.

어휘　office 사무실 clean ~을 청소하다, 닦다 unoccupied 비어 있는, 사람이 없는 drawer 서랍 be left + 형용사: ~인 채로 있다

2.

(A) One of the women is distributing handouts.

(B) One of the men is writing on a notepad.

(C) Books are being arranged on the shelves.

(D) They're seated in a circle.

(A) 여자들 중 한 사람이 인쇄물을 나누어 주고 있다.

(B) 남자들 중 한 사람이 메모지에 쓰고 있다.

(C) 선반 위에 책이 정리되고 있다.

(D) 사람들은 원형으로 앉아 있다.

정답　(A)

해설　(A) 여자가 손에 든 종이를 나누어 주고 있으므로 정답.

　　　(B) 남자 중에 메모지에 뭔가를 쓰고 있는 사람은 없으므로 오답.

　　　(C) 책은 선반 위에 놓여져 있으며 정리되는 중이 아니므로 오답.

　　　(D) 사람들은 서로 마주보고 앉아 있으며, 인쇄물을 나눠주는 여자만 가운데 서있으므로 오답.

어휘　distribute ~을 나누어 주다, 교부하다, 분배하다 handout 인쇄물, 유인물 notepad 메모지, 노트패드 arrange ~을 정리하다, 배열하다 shelf 선반 be seated 앉아 있다 circle 원, 원형

3.

(A) The man is typing on a keyboard.

(B) The man is pointing to a screen.

(C) The laptop computer is placed on the desk.

(D) The shelf is filled with books.

(A) 남자가 키보드로 타자를 치고 있다.

(B) 남자가 스크린을 가리키고 있다.

(C) 노트북 컴퓨터가 책상 위에 놓여 있다.

(D) 선반이 책으로 가득 차 있다.

정답　(C)

해설　(A) 남자는 키보드로 타자를 치고 있는 동작으로 하고 있지 않으므로 오답.

　　　(B) 남자의 손이 화면을 가리키고 있지 않으므로 오답.

　　　(C) 노트북 컴퓨터가 책상 위에 위치해 있으므로 정답.

　　　(D) 선반에는 책이 아닌 화분과 다른 물품이 있으므로 오답.

어휘　type 타자 치다 point to ~을 가리키다 be placed 놓여지다 be filled with ~로 가득 차다

4.

(A) One of the men is working at a desk.

(B) One of the women is drinking coffee.

(C) The whiteboard is being moved.

(D) People are listening to a presentation.

(A) 남자들 중 한 사람이 책상에서 작업하고 있다.

(B) 여자들 중 한 사람이 커피를 마시고 있다.

(C) 화이트보드가 옮겨지고 있다.

(D) 사람들이 발표를 듣고 있다.

정답 (D)

해설 (A) 책상에서 작업하고 있는 남자는 없으므로 오답.

(B) 여자 중에서 커피를 마시는 사람은 없으므로 오답.

(C) 화이트보드를 옮기는 사람은 없으므로 오답.

(D) 여러 명의 사람들이 서 있는 사람의 발표를 듣고 있으므로 정답.

어휘 empty 비어 있는 listen to ~을 듣다 presentation 발표

5.

(A) One of the women is using a copy machine.

(B) One of the men is holding some documents.

(C) A copy machine is being installed.

(D) Some people are entering a meeting room.

(A) 여자들 중 한 사람이 복사기를 사용하고 있다.

(B) 남자들 중 한 사람이 몇몇 서류를 들고 있다.

(C) 복사기가 설치되고 있는 중이다.

(D) 몇몇 사람들이 회의실로 들어가고 있다.

정답 (B)

해설 (A) 여자가 복사기를 이용하는 모습이 아니므로 오답.

(B) 한 남자가 서류를 들고 있으므로 정답.

(C) 복사기를 설치하고 있는 사람이 없으므로 오답.

(D) 회의실로 들어가는 사람이 없으므로 오답.

어휘 copy machine 복사기 hold ~을 잡다, 들다, 쥐다 document 서류 install ~을 설치하다 enter ~로 들어가다 meeting room 회의실

Day 04 대명사 ❷

3초 퀴즈

정답 (B)

해석 실험실에 들어가기를 원하는 사람들은 보호 장비를 착용해야 한다.

해설 빈칸 뒤에 who와 복수동사가 있으므로 이 구조와 함께 '~하는 사람들'이라고 해석되는 지시대명사 (B) Those가 정답이다.

어휘 want to do ~하기를 원하다 enter ~에 들어가다 lab 실험실 put on ~을 착용하다 protective gear 보호 장비

Practice

1. (B)	2. (A)	3. (C)	4. (C)	5. (A)

1.

정답 (B)

해석 이번 달에 은퇴할 사람들을 기리기 위해 송별회가 열릴 것입니다.

해설 빈칸 뒤에 위치한 「who + 동사」와 함께 사용할 수 있는 대명사가 빈칸에 쓰여야 한다. '~하는 사람들'이라는 의미를 나타낼 때 사용하는 (B) those가 정답이다.

어휘 farewell party 송별회 be held (행사 등이) 열리다 honor ~을 기리다 those who ~하는 사람들 retire 은퇴하다

2.

정답 (A)

해석 승객들은 모든 유람선이 심한 폭풍우로 인해 운항이 취소되었다고 안내받았다.

해설 빈칸 뒤에 「of the 복수명사」라는 구조와 함께 어울려 '~들의 모두'라는 의미를 나타내는 (A) all이 정답이다.

어휘 passenger 승객 be informed that ~라고 안내 받다 cruise 유람선 be cancelled 취소되다 due to ~로 인해 heavy 심한 storm 폭풍우

3.

정답 (C)

해석 여러분은 한 기기에서 다른 기기로 쉽게 음악을 전송할 수 있습니다.

해설 빈칸에는 앞에 언급된 한 기기와는 또 다른 하나의 기기를 나타내는 대명사가 쓰여야 한다. 따라서 앞에 제시된 것과 종류가 같은 또 다른 하나를 나타내는 (C) another가 정답이다.

어휘 easily 쉽게 transfer ~을 전송하다 device 기기

4.

정답 (C)

해석 데콘 대학교는 높은 학점을 유지하는 사람들에게 장학금을 제공한다.

해설 빈칸 뒤에 위치한 「who + 복수동사」와 함께 사용할 수 있는 대명사가 빈칸에 쓰여야 한다. '~하는 사람들'이라는 의미를 나타낼 때 사용하는 (C) those가 정답이다.

어휘 offer ~을 제공하다 scholarship 장학금 those who ~하는 사람들 maintain ~을 유지하다 high 높은 grade 학점

5.

정답 (A)

해석 몇몇 후보자는 지원서 양식을 받지 못했다.

해설 빈칸 뒤에 「of the 복수명사」라는 구조와 함께 어울려 '~들 중 몇몇'이라는 의미를 나타내는 (A) Some이 정답이다.

어휘 some 몇몇 candidate 후보자 be given 받다 application 지원서 form 양식, 형식

Day 05 Weekly Test

VOCA

1. (B)	2. (A)	3. (C)	4. (C)	5. (A)
6. (B)	7. (A)	8. (B)		

7.

해석 이 이메일은 발표에 대한 임시 일정표를 포함하고 있다.

해설 빈칸에는 빈칸 뒤에 제시된 일정표라는 단어의 한 특성을 나타낼 수 있는 어휘가 필요하다. 따라서 '임시 일정표'라고 해석하는 것이 자연스러우므로 '임시의'라는 뜻을 가진 (A) tentative가 정답이다.

어휘 include ~을 포함하다 schedule 일정 presentation 발표 tentative 임시의 necessary 필수적인 designed 고안된 efficient 효율적인

8.

해석 라마크 사의 오래된 장비는 자사의 생산 능력에 해를 끼쳤다.

해설 빈칸에는 오래된 장비가 회사의 어떤 부분에 손해를 끼치는지에 대해 설명할 수 있는 어휘가 필요하다. 오래된 장비는 생산력이 떨어지므로 production과 함께 쓰여 '생산 능력'이라는 뜻을 가진 (B) capacity가 정답이다.

어휘 old 오래된 equipment 장비, 기구 harm ~에 해를 끼치다 production 생산 accommodation 숙소 capacity 능력, 수용력 appointment 지정 development 발전, 개발

LC

1. (A)	2. (B)	3. (B)	4. (D)	5. (C)

1.

(A) Some motorbikes have been parked in a row.
(B) Some products are displayed on a shelf.
(C) Some people are waiting in line in front of a store.
(D) A streetlamp is being repaired.

(A) 몇몇 오토바이가 한 줄로 주차되어 있다.
(B) 몇몇 제품이 선반에 진열되어 있다.
(C) 몇몇 사람들이 상점 앞에 줄 서서 기다리고 있다.
(D) 가로등이 수리되고 있다.

정답 (A)

해설 (A) 수많은 오토바이들이 일렬로 줄지어 세워져 있으므로 정답.
(B) 사진에서 선반에 올려진 제품이 없으므로 오답.
(C) 상점 앞에 줄지어 서 있는 사람들이 없으므로 정답.
(D) 가로등을 고치고 있는 사람이 없으므로 오답.

어휘 motorbike 오토바이 park 주차하다 product 제품, 상품 display 진열하다, 전시하다 shelf 선반 wait in line 줄지어 기다리다 in front of ~앞에 streetlamp 가로등

2.

(A) The boxes are filled with items.

(B) Some boxes have been stacked.

(C) Some chairs have been set next to each other.

(D) A box is being loaded onto a cart.

(A) 박스들에 물건이 가득 차 있다.

(B) 몇몇 박스가 쌓여 있다.

(C) 몇몇 의자가 각각 옆에 놓여져 있다.

(D) 박스 하나가 카트에 실리고 있다.

정답 (B)

해설 (A) 물건으로 가득 찬 박스는 보이지 않으므로 오답.

(B) 여자 뒤에 많은 박스들이 쌓여 있으므로 정답.

(C) 의자는 접힌 채로 박스 더미에 기대어져 있으므로 오답.

(D) 사진 속에 카트가 없으므로 오답.

어휘 stack ~을 쌓다, 포개다 set a chair 의자를 갖다 놓다

load ~을 싣다, 적재하다

3.

(A) Some desks are covered with papers.

(B) Monitors are set up for each worker.

(C) Some drawers are left open.

(D) Some people are looking out the window.

(A) 몇몇 책상들이 종이로 덮여 있다.

(B) 각 직원에게 모니터가 설치되어 있다.

(C) 몇몇 서랍이 열려 있다.

(D) 몇몇 사람들이 창밖을 바라보고 있다.

정답 (B)

해설 (A) 종이로 덮여 있는 책상이 없으므로 오답.

(B) 사무실에 있는 모든 사람들 앞에 모니터들이 설치되어 있
으므로 정답.

(C) 열려 있는 서랍이 없으므로 오답.

(D) 창밖을 바라보고 있는 사람이 없으므로 오답.

어휘 be covered with ~로 덮여 있다 set up ~을 설치하다

worker 직원 drawer 서랍

4.

(A) They are seated in a circle.

(B) Some documents are being printed out.

(C) Some people are facing a large screen.

(D) Some handouts are being distributed.

(A) 사람들이 원형으로 앉아 있다.

(B) 몇몇 문서가 출력되고 있는 중이다.

(C) 몇몇 사람들이 커다란 화면을 마주보고 있다.

(D) 몇몇 인쇄물이 배부되고 있다.

정답 (D)

해설 (A) 사람들이 모두 앉아 있지 않고 한 사람은 서 있으므로 오
답.

(B) 프린터에서 출력되고 있는 문서가 없으므로 오답.

(C) 사진 속에 커다란 화면이 없으므로 오답.

(D) 서 있는 사람이 인쇄물을 나누어 주고 있으므로 정답.

어휘 be seated 앉아 있다 in a circle 원형으로, 둥글게

document 문서, 서류 print out ~을 출력하다, 인쇄하다

face ~을 마주보다, 향하다 screen 화면 handout 인쇄물,

유인물 distribute ~을 배부하다, 나누어 주다

5.

(A) The monitor is turned on.

(B) The shelves are filled with files.

(C) Some papers are scattered on the desk.

(D) A briefcase has been left on a chair.

(A) 모니터가 켜져 있다.

(B) 선반이 파일들로 가득 차 있다.

(C) 몇몇 종이들이 책상에 흩어져 있다.
(D) 서류 가방이 의자에 놓여 있다.

정답 (C)

해설 (A) 모니터가 켜져 있지 않으므로 오답.
(B) 선반에는 파일뿐만 아니라 다른 물품도 함께 놓여 있으므로 오답.
(C) 여러 장의 종이가 책상 위에 놓여 있으므로 정답.
(D) 의자에는 아무것도 없으므로 오답.

어휘 turn on ~을 켜다 shelf 선반 be filled with ~로 가득 차 있다 scatter 흩어 놓다 briefcase 서류 가방

RC

1. (B)	2. (A)	3. (C)	4. (C)	5. (D)
6. (C)	7. (D)	8. (C)	9. (C)	10. (D)

1.
정답 (B)

해석 처방전을 받은 후에 약에 관한 질문 사항이 생기면 약사에게 연락하십시오.

해설 after 다음에 동사가 있으므로 after는 접속사이다. 따라서 빈칸은 주어 자리이므로 주격 인칭대명사 (B) you가 정답이다.

어휘 contact ~에게 연락하다 pharmacist 약사 inquiry 질문 medicine 약 receive ~을 받다 prescription 처방전

2.
정답 (A)

해석 폴 래트너 씨는 캐나다에 있는 지사 사무실로 돌아가기 전에 서울 공장을 잠깐 방문했다.

해설 빈칸 앞에는 전치사가, 빈칸 뒤에는 명사가 있으므로 명사를 수식할 수 있는 소유격 인칭대명사 (A) his가 정답이다.

어휘 visit 방문하다 factory 공장 briefly 잠깐 before ~전에 go back to ~로 돌아가다 branch office 지사

3.
정답 (C)

해석 회사 달력에 추가하고 싶은 행사가 있다면, 그것들을 말콤 씨에게 보내주세요.

해설 동사 뒤에 빈칸이 있으므로 빈칸은 목적격 인칭대명사 자리이다. 따라서 (C) them이 정답이다.

어휘 event 행사 add A to B A를 B에 추가하다 calendar 달력 send ~을 보내다

4.
정답 (C)

해석 직원 대부분이 아마론 씨의 열정적인 성격을 좋아하는 한편, 다른 사람들은 그가 너무 시끄럽다고 생각한다.

해설 빈칸에는 직원 대부분을 제외한 나머지 직원들을 가리키는 대명사가 필요하므로 the와 함께 쓰여 특정한 나머지 사람들을 가리키는 (C) others가 정답이다.

어휘 most 대부분 staff 직원 enthusiastic 열정적인 personality 성격 while 반면에 find A to be B A가 B라고 생각하다 loud 시끄러운

5.
정답 (D)

해석 세미나가 진행되는 동안 발표자들이 프로젝터를 직접 다룰 것이다.

해설 전치사 다음에 올 수 있는 대명사는 목적격인데 빈칸에 들어갈 대명사가 주어인 발표자들을 가리키므로 by와 함께 쓰여 '직접'을 의미하는 (D) themselves가 정답이다.

어휘 presenter 발표자 manage ~을 다루다 by oneself 직접 during ~동안

6.
정답 (C)

해석 조디 씨는 팀 리더로서 발표를 준비하는 동안, 대부분의 문제들을 처리했다.

해설 빈칸 뒤에 「of the 복수명사」 구조가 있으므로 빈칸은 부정대명사 자리이다. 팀 리더로서 조디 씨가 대부분의 문제들을 처리했다고 해석하는 것이 자연스러우므로 (C) most가 정답이다.

어휘 as ~로서 handle ~을 처리하다 issue 문제 during ~하는 동안 preparation 준비 presentation 발표 almost 거의 any 어떤 것 most 대부분 every 모든 것

7.
정답 (D)

해석 헴스워스 대학은 진단서를 제공하는 사람들에 한해 과제의 마감시한을 연장해주었다.

해설 빈칸 뒤에 who와 동사가 있으므로 who와 함께 '~하는 사람들'이라는 뜻을 나타내는 (D) those가 정답이다.

어휘 extend ~을 연장하다 deadline 마감시한 assignment 과제 provide ~을 제공하다 doctor's certificate (의사의) 진단서

8.
정답 (C)

해석 포다폰 휴대폰의 새로운 모델들 중 하나는 2년 보증이 딸려오며, 나머지는 별도로 판매된다.

해설 빈칸에는 하나의 모델을 제외한 나머지를 나타낼 부정대명사가 필요하므로 (C) the others가 정답이다.

어휘 come with ~이 딸려 오다 be sold 판매되다

separately 별도로

9.

정답 (C)

해석 김 씨는 혼자서 일을 끝낼 수 없다는 것을 깨닫고 도움을 요청
했다.

해설 빈칸 앞에 전치사 by가 있고, 빈칸에 들어갈 대명사가 김 씨를
나타내므로 by와 함께 '혼자서'라는 의미를 구성하는 재귀대
명사 (C) himself가 정답이다.

어휘 realize ~을 깨닫다 finish ~을 끝내다 work 일
by oneself 혼자서 request ~을 요구하다 assistance
도움

10.

정답 (D)

해석 <셰익스피어 인 러브>의 관람을 원하는 사람은 누구든 www.
tickatek.com에서 표를 구매해야 한다.

해설 빈칸 뒤에 who와 복수동사가 있으므로 who 와 함께 '~하는
사람들'이라는 뜻을 이루는 (D) Those가 정답이다.

어휘 those who ~하는 사람들 watch ~을 보다 buy ~을
구매하다 ticket 표

시원스쿨 LAB